DE

L'ORGANISATION DU TRAVAIL

DE LA

FABRICATION DES ÉTOFFES DE SOIE

PAR L'ASSOCIATION DE TOUS LES TRAVAILLEURS,

AVEC PARTICIPATION AUX BÉNÉFICES,

PAR LE CITOYEN C. C. DAUSSIGNY,

DE LYON.

> L'association seule peut, en échange de la misère, donner un travail honorable et honoré. (*Démocratie socialiste.*)

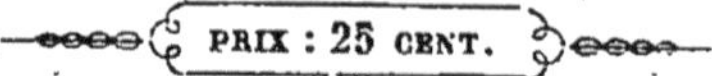

PRIX : 25 CENT.

SE VEND :

A LYON, sur la voie publique,

A PARIS,

Chez { PILHÈS, Editeur, rue Croix-des-Petits-Champs, 9 ; GUILLAUMIN, rue Richelieu, 14 ; et chez les principaux Libraires.

—

1848.

LYON. IMP. NIGON.

DE
L'ORGANISATION DU TRAVAIL

DE LA

FABRICATION DES ÉTOFFES DE SOIE

PAR L'ASSOCIATION DE TOUS LES TRAVAILLEURS,

AVEC PARTICIPATION AUX BÉNÉFICES,

PAR LE CITOYEN C. C. DAUSSIGNY,

DE LYON.

> L'association seule peut, en échange de la misère, donner un travail honorable et honoré. (*Démocratie socialiste.*)

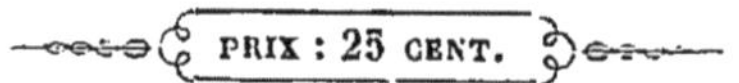

PRIX : 25 CENT.

SE VEND :

A LYON, sur la voie publique,

A PARIS,

Chez { PILHÈS, Editeur, rue Croix-des-Petits-Champs, 9 ;
GUILLAUMIN, rue Richelieu, 14 ;
et chez les principaux Libraires.

1848.

A NOS FRÈRES LES TISSEURS ET TRAVAILLEURS

DU DÉPARTEMENT DU RHÔNE.

FRÈRES,

Après avoir mûrement étudié et discuté l'organisation du travail du citoyen DAUSSIGNY, nous sommes demeurés d'accord, que son projet était bon, utile, honnête, et d'une réalisation prompte et facile, si le Gouvernement songe à nous tenir les promesses qu'il nous a faites et renouvelées depuis le 24 février.

En conséquence, nous avons aidé au développement de son œuvre, soit dans les clubs démocratiques, soit par la voie de pétition ; enfin, nous avons concouru tous pour mieux démontrer que l'association seule pouvait vaincre toutes les résistances et obtenir les résultats que nous réclamons.

L'œuvre du citoyen DAUSSIGNY est donc une œuvre collective qui appartient à tous ; c'est à ce titre que nous vous la recommandons et que nous la couvrons de notre responsabilité fraternelle.

SALUT ET FRATERNITÉ.

Fait à la Croix-Rousse, ce 24 juin 1848.

Les Membres de la Commission de l'Organisation du travail,

DANDRÉ, Régis. PONCET. PASTRE, Jean. SERVE, Pierre. BETIER. VASSERAT, Francisque. BRET, J.-M. F. GUICHARD. DUSSERRE, Alex.-Prudent. Gab. VERRIER. MONNAND. L. DESMARD. BARBAJON. P. LEMARE. RAYNAUD, Jacques. Antoine DEBOUT.

De l'Enquête.

Le décret d'enquête rendu par l'Assemblée Nationale, est bien certainement un fait d'une portée immense, puisque, pour la première fois, il place les ouvriers en face de leurs patrons, et leur reconnaît le droit de développer publiquement les causes de la misère qui les dévore ; mais, selon nous, c'est à peu près le seul résultat qu'ils obtiendront, et nous allons le démontrer.

D'abord, la statistique industrielle du seul département de la Seine présente un chiffre rond de cinq cents industries et trois cents professions. En calculant au plus bas, l'Assemblée Nationale devra accorder au moins deux heures à chacune de ces industries, soit mille heures, ce qui, à raison de huit heures par jour, demanderait cent vingt-cinq séances.

Maintenant si l'on considère qu'il existe en France trente-neuf mille huit cent quatre-vingt-quatre fabriques, manufactures et usines, quatre mille neuf cent soixante-quinze forges et hauts-fourneaux, quatre-vingt-deux mille trois cent trente-six moulins de toute sorte, répartis sur plus de trente-sept mille deux cents communes, il sera permis de penser que l'enquête industrielle est une amère déception dont l'Assemblée n'a mesuré ni la portée ni les conséquences !!!!

Déjà d'autres que nous ont calculé le temps que dureraient les enquêtes industrielles et agricoles ; les travailleurs eux-mêmes sont demeurés d'accord sur un chiffre de cinq années !!

En présence de cette situation, que fera l'Assemblée Nationale ? Se bornera-t-elle aux préliminaires de l'enquête, ou bien entrera-t-elle franchement dans le nouveau mode d'organisation du travail par l'association de tous les travailleurs de chaque industrie, dont le *National*, dans son premier Paris du 2 juin 1848, fait pressentir l'opportunité radicale.

Il ne nous appartient pas de nous poser en docteurs, mais nous pouvons affirmer que si l'Assemblée Constituante sait comprendre sa mission, imposer silence aux monopoleurs, aux privilégiés avides, et s'inspirer largement de l'amour de la patrie, de l'intérêt général, elle réunit dans son sein tous les éléments nécessaires pour discuter, éclairer et trancher une question qui, dans ses mains, peut, dès aujourd'hui, devenir la base de notre nouvelle organisation industrielle.

Les enquêtes commerciales de 1828 et de 1834 ne sont pas si loin de nous, que nous ne puissions les rappeler très sommairement à nos lecteurs; ce sera même le moyen de leur prouver d'une manière victorieuse que la Révolution démocratique du 24 février est complètement étrangère aux causes qui sont venues nous fermer la presque totalité des marchés de l'Europe et réduire notre industrie aux abois.

Dès le 20 septembre 1834, le sieur Duchatel, ministre du commerce, adressa aux Chambres du commerce et aux Chambres consultatives des arts et métiers et manufactures, une lettre-circulaire pour les inviter à l'assister du concours de leurs lumières et de leur expérience en matières commerciales.

Le ministre annonçait que, pour déterminer les faits avec précision et vérité, affaiblir les préventions erronées et triompher des préjugés, il procéderait par voie d'enquête; qu'il ferait examiner tous les faits relatifs aux diverses prohibitions menacées par une nouvelle loi de douanes impatiemment attendue; enfin, que tous les intérêts et toutes les industries seraient interrogées et consultées.

Cette lettre-circulaire, dont j'indique l'esprit, porta une agitation extraordinaire dans tous nos centres industriels; et cette enquête, dans le but d'amener avec une nouvelle loi de douanes de nouvelles réformes, cette aurore même d'une liberté commerciale, qui devait faire comprendre le besoin d'un échange bien entendu, fut considérée comme une mesure radicale destinée à amener bien d'autres résultats que la connaissance de la vérité !... et développa, à son début, un concert de plaintes, de récriminations, qui s'élevèrent jusqu'à la menace.

Le ministre comprit la situation qu'allait lui faire ce haro général; il voulut faire envisager l'enquête comme un premier pas vers le bien, car elle ouvrait les yeux à la France sur ses richesses, son industrie, ses moyens de produire et de vendre.

Dans sa réponse, dont nous citerons quelques phrases, il donna aux commerçants, aux industriels, un avertissement qui ne sera pas perdu pour la démocratie.

« C'est sur le nécessaire des classes laborieuses, sur les
» moyens d'existence de la population entière, que porte le
» profit des manufacturiers, des propriétaires.

» C'est de la misère du plus grand nombre que quelques-
» uns s'enrichissent. Loin de nous le dessein de vouloir nous
» plaindre de cet effet inévitable du droit sacré de la pro-
» priété, quand il est le résultat naturel du progrès de la
» population et de la richesse, mais au moins ne le produi-
» sons pas à l'aide des lois, ne le regardons pas comme un
» bien au-devant duquel il faille se précipiter, dont le phi-
» lantrope puisse être joyeux, auquel l'homme d'état ap-
» plaudisse. »

Ces paroles seules justifieraient une révolution lors même qu'il ne surgirait pas de l'enquête tous les enseignements, toutes les justifications. Quatre-vingt-dix interrogatoires eurent lieu. Bordeaux, Boulogne-sur-Mer, Paris, le Hâvre, Rouen, Ste-Marie-aux-Mines, Louviers, Elbeuf, Sédan, Lille, Rheims, Roubaix, Metz, Alençon, Amiens, le Puy, Tarare, Clermont-Ferrant, St-Quentin, Evreux, Bar-le-Duc, Strasbourg, Mulhouse, Montpellier, Lyon, Marseille, exprimèrent leur opinion, soit par écrit, soit par des délégués. Les hommes les plus recommandables par leurs connaissances commerciales et industrielles ; les commerçants et les fabricants les mieux considérés vinrent à leur tour déposer leur opinion dans l'opinion publique, sans qu'il en ait résulté quelque chose de bon, d'honnête et de sincère !

Ainsi ce résumé de mille pensées diverses n'a présenté ni une pensée large, ni une pensée unie, ni une pensée loyale, mais, constamment et à une immense majorité, une pensée unique d'intérêt privé, d'exploitation de l'homme par l'homme.

Sur quelques points l'agitation menaça de se transformer en violences. A Lille, le préfet dût intervenir par des proclamations, pour calmer l'irritation des fabricants qui, furieux de voir le ministre s'occuper de leurs marmites industrielles, annonçaient très hautement l'intention de renverser la marmite électorale ministérielle ! (hist.)

En présence de ce déplorable spectacle qui donnait à l'Etranger la mesure de notre épouvante, de notre discorde, la Prusse, l'Allemagne, l'Autriche, le Piémont, la Hollande et la Belgique développaient un vaste système de douanes, et nous enlevaient la presque totalité des marchés de l'Europe.

Lyon , qui avait un intérêt immense à modifier son système de production, Lyon, qui déjà deux fois, en novembre 1831, en avril 1834, avait vu déployer la terrible bannière des travailleurs portant cette noble devise: *Vivre en travaillant ou mourir en combattant* (hist.), Lyon répondit à l'invitation d'enquête par une lettre signée Dugas, Président, Vachon-Imbert, Secrétaire.

Dans cette lettre, en date du 20 novembre 1834, nous lisons cette phrase.

Monsieur le Ministre,

« Nous avons à regretter que le trop court intervalle qui
» restait à s'écouler entre l'époque à laquelle nous avons reçu
» la circulaire que vous nous avez fait l'honneur de nous

» adresser le **20** septembre dernier, et celle que cette circu -
» laire indiquait pour l'ouverture de l'enquête commerciale
» (15 octobre 1834), dont elle pose les bases, ne nous ait pas
» permis de faire choix d'un délégué qui pût disposer son
» temps de manière à répondre à votre appel. »

Ainsi donc trente jours n'avaient pu suffire à rencontrer dans une ville de deux cent cinquante mille âmes, un homme, un seul homme qui pût disposer son temps de manière à se rendre à Paris pour donner au Ministre qui les réclamait quelques éclaircissements sur les horribles souffrances de notre population industrielle.

Les travailleurs de notre ville ne furent pas dupes de ces impossibilités........ de ces impossibilités qui n'auraient retenu personne s'il se fut agi de croix et de faveurs; ils se courbèrent en frémissant sous le joug de leurs exploitants protégés alors par quinze mille baïonnettes, et ils attendirent.

Le nouveau système de douanes qui s'était développé contre nous, non-seulement nous fermait la presque totalité des marchés de l'Europe, mais imprimait un nouvel essor à l'industrie étrangère, qui sut, très habilement, associer à un capital à bon marché l'aptitude et l'activité de ses travailleurs; en Suisse comme en Allemagne, en Allemagne comme en Prusse, les résultats furent excellents!...

Les Anglais, eux-mêmes, avaient depuis des siècles reconnu les bienfaits de l'association. Dès 1562, les fabricants d'étoffes de soie de la Métropole se réunirent en compagnie, et en 1669 en corporation; et telle était la prospérité de leurs travaux en 1666, qu'on lit dans le préambule d'un statut, publié sous le règne de Charles II, qu'ils étaient réunis au nombre de quarante mille ouvriers.

Toutefois, il est bon de rappeler que ces résultats prodigieux et cette prospérité inouïe, furent dus, presque tout entiers, à la révocation de l'édit de Nantes.

Cet acte déplorable d'intolérance bannit de leur pays plus

de 600,000 citoyens industrieux, dont 60,000 environ se réfugièrent en Angleterre. Ceux d'entre eux qui s'occupaient de la fabrication des étoffes de soie, s'établirent à Spitalfieds, qui, depuis cette époque, est demeuré le centre d'une industrie qui emploie aujourd'hui plus de 400,000 individus et un capital de 300 millions de francs.

En vain nos fabricants, stimulés par cette formidable concurrence, redoublèrent d'activité; leur intelligence, leur goût épuré, l'habilité de nos tisseurs, l'excellence de nos matières premières, la supériorité incontestable de nos teintures, de nos apprêts, ne purent dominer la production de nos rivaux, même en réduisant le salaire de nos travailleurs aux proportions les plus minimes.

Cette situation déplorable ne suffit pas à éclairer les capitalistes et les fabricants sur les véritables causes qui menaçaient d'une ruine complète l'une de nos meilleures industries. Au lieu de chercher le mal, de le signaler et d'indiquer le remède, ils se précipitèrent dans les spéculations de toute nature.

Le jeu sur les fonds publics ne pouvant suffire à satisfaire les impatients et les avides, on joua avec fureur sur les chemins de fer, sur les terrains, sur les huiles, les trois-six, les cafés, les savons.... Le blé lui-même, cette alimentation des masses, devint le point de mire des usuriers et des spéculateurs loups-cerviers.

Dès-lors, le commerce, l'industrie honnête, n'offrant plus aux capitalistes des moyens assez prompts de doubler leurs capitaux, ils durent recourir à des bailleurs de fonds étrangers. Le Piémont et la Suisse nous prêtèrent de l'argent, mais à des conditions tellement onéreuses, que beaucoup d'industriels et de fabricants réalisèrent rapidement une ruine complète.

Le prix des loyers, le renchérissement des denrées indispensables aux travailleurs, semblèrent s'accroître en proportion de l'abaissement des salaires ; la situation du prolétaire ne trouva plus d'équivalent que chez nos frères d'Irlande,

et le pouvoir dût se demander si une ceinture de forts déta-
chés et 12,000 baïonnettes assureraient longtemps encore
à nos ouvriers le monopole de la misère !....

Enfin, le 24 février apparut, et avec lui le glorieux avè-
nement de la démocratie tout entière !

C'est donc sous les auspices de la Liberté, de l'Egalité et
de la Fraternité que nous allons signaler les causes de notre
décadence industrielle, indiquer le seul et véritable remède.

Aujourd'hui, il est incontestablement avéré, pour tous les
hommes de bonne foi, que nous produisons trop cher, et
que, quel que soit le prix des matières premières, les frais
généraux demeurent à peu près les mêmes. Ainsi, les soies
achetées par les fabricants sont frappées d'une commission
de 2 % qu'ils supportent, et que prélève le vendeur, qui est
dû croire :

Au commissionnaire, dû croire. . . . . . . 2 %
Au courtier en soie privilégié. . . . . » ³/₄
Condition des soies, mettage en mains,
    essai. . . . . » ¹/₄
Intérêt d'une commandite qui, avec les
    conditions particulières, s'élève à . . . 10
Perte en teinture, au dévidage, à l'our-
    dissage, sur la longueur de la soie. . . 2
Au commissionnaire acheteur, dû croire,
    en moyenne minimum. 3
Frais généraux, c'est-à-dire patente, loyer,
    commis divers, teneur de livres, cais-
    sier, dessinateur, compte de levées,
    ports de lettres, luminaire, combusti-
    ble, menus frais, étrennes, intérêt du
    capital consacré au mobilier industriel,
    frais litigieux, courtiges et raccours,
    voyages. 5

Ce qui forme un total de. . . . . 23 %

que nous affirmons, d'après les données les plus certaines, les plus positives, être fort au-dessous du chiffre réel.
Nous ferons également observer que nous ne parlons pas du
chiffre des faillites, dont le nombre s'est prodigieusement
accru en raison de cette faculté illimitée de produire, sans
accord et sans harmonie, avec les besoins d'une consomma-
tion que la concurrence étrangère tend à limiter chaque jour
davantage.

A ces frais généraux exorbitants, ajoutez encore une dilapidation intérieure, qui entretient le piquage d'once, cet
infâme auxiliaire d'une rivalité sordide, qui ne recule jamais
devant un moyen malhonnête, et vous aurez mis à nu les
véritables causes qui menacent notre belle industrie d'une
ruine complète. Dès-lors le fabricant, pour produire dans les
plus mauvaises conditions possibles, se voit forcé de réduire
le salaire du travailleur, et de le réduire de telle sorte que
ce dernier puisse à peine gagner de quoi manger du pain !...

A un tel état de choses, état anormal, intolérable, et
qui nous conduirait infailliblement et rapidement à la guerre
civile, quel remède convient-il d'appliquer ?

Celui de l'organisation du travail par l'association de tous
les travailleurs de cette industrie, sans exclusion aucune.
Ainsi le fabricant, le tisseur, l'agent de change, le compa-
gnon, le teinturier, l'apprêteur, dessinateurs, ourdisseuses
et dévideuses, caissiers, teneurs de livres et commis,
deviennent membres de l'association, chacun selon son capital, son industrie, son aptitude et son activité !...

Parmi les nombreux avantages que présente l'association,
nous devons placer au premier rang l'économie immense
qu'elle réalisera. D'abord, une fois installée au Palais-des-
Arts ou aux Colinettes, elle se débarrasse des frais de loyer,
de luminaire et de combustible, qui pèsent sur les cinq cent
cinquante fabricants lyonnais.

Elle réalise une diminution considérable sur le personnel

des dessinateurs, caissiers, teneurs de livres, commis d'ordre et de balance, voyageurs et employés subalternes.

La dilapidation à la teinture, à l'ourdissage et au dévidage devient impossible, et, du même coup, le piquage d'once est frappé de mort, ainsi que la mauvaise concurrence.

Achetant et vendant sans intermédiaire privilégié, elle n'a plus besoin du ministère de MM. les courtiers, acheteurs et vendeurs dû croire; enfin, la commandite que lui fournissent l'Etat et les capitalistes, lui présente une économie de plus de 50 %. Alors, libre de ses mouvements, manœuvrant comme un seul homme, l'association étudie les besoins de l'intérieur et ceux de l'étranger, produit avec économie et prudence, maintient ses prix, prévoit les crises qui peuvent atteindre ses productions, et prend sur les marchés américains l'initiative du libre échange, ce seul et véritable gage de la sainte alliance des peuples républicains.

Jetons maintenant les yeux sur les conséquences qui apporteront aux travailleurs le bien-être et la sécurité:

1° Un travail organisé, un travail honorable et honoré, qui permettra de donner aux mêmes mains le même ouvrage, ouvrage qui sera fait mieux et plus vite;

2° Une économie immense pour les chefs d'atelier, qui ne seront plus obligés de monter et remonter à chaque instant leurs métiers et de fatiguer leurs harnais;

3° Le chômage et les pertes de temps considérablement diminués;

4° Un salaire quotidien suffisant, pour pouvoir s'alimenter et se vêtir comme des hommes libres;

5° Sécurité pour les fournisseurs, les marchands et les propriétaires, qui dès-lors toucheront leurs loyers beaucoup plus exactement;

6° Répartition annuelle d'un bénéfice, dont la moitié, en espèces, sera remise aux travailleurs, un quart à la caisse d'épargne de l'association, et l'autre quart à l'Etat, pour le rembourser partiellement de ses avances à l'association ; de telle sorte qu'au moyen de ce versement, chacun des associés sera devenu propriétaire au prorata de ce qu'il aura versé.

Si du bien-être matériel nous passons au bien-être moral, nous ne serons point surpris de voir l'association résoudre ce grand principe de Liberté, d'Egalité et de Fraternité.

Par l'association : l'indépendance et le travail honorable, qui seul constitue la Liberté.

Par l'association : le capital et le crédit fonctionnant au bénéfice de tous, les hommes peuvent tous posséder, alors l'Egalité n'est plus un vain mot.

Par l'association, on maîtrise les forts et les méchants, on soutient, on fortifie le faible, on console et l'on soulage l'infirme et la vieillesse, en un mot, on pratique la Fraternité.

Enfin, par l'association qui réalise une immense économie, notre industrie reprend son rang dans le monde ; se réhabilite par la loyauté de ses transactions commerciales ; procure à l'agriculture des débouchés productifs plus considérables, et développe par tous et pour tous le bien-être matériel et le bien-être moral.

Si l'on nous demande pourquoi nous avons choisi de préférence l'industrie de la fabrication des étoffes de soie dans le département du Rhône, nous répondrons que, parmi les industries considérables, elle est l'une des plus importantes ;

Que la position de ses travailleurs est sans contredit la plus misérable ;

Que nous l'avons pratiquée et mûrement étudiée ; que si le Gouvernement ne se hâte d'appliquer le remède, les évènements de 1831 et de 1834 se reproduiront bientôt avec une énergie dont les conséquences seraient incalculables ;

Que nous ne sommes point de ceux qui rêvent une paire de souliers chaussant tout le monde ; car il est aussi impossible de débattre à la fois toutes les questions industrielles, que de créer un système général d'organisation qui puisse les embrasser et les satisfaire toutes.

Déjà on nous a objecté que les réformes de l'industrie marchaient bien moins vite que les réformes politiques, et qu'il faudrait un temps considérable pour arriver à une solution générale. Ceci est vrai, mais tient uniquement à ce que, dans l'industrie, les intérêts privés s'entendent mieux, se soutiennent davantage pour maintenir leurs priviléges, leurs monopoles, qu'ils ne se soutiennent et ne s'entendent dans les réformes politiques.

En politique, la lumière se fait par la publicité; en industrie, il n'en est point ainsi : la routine ignorante triomphe tous les jours en dépit du progrès et de la raison.

Avant de livrer notre œuvre à la publicité, nous n'avons pas craint de la développer, et pendant huit semaines et tous les jours, nous avons exposé notre système d'organisation du travail par l'association de tous les travailleurs. Plus de soixante mille individus de tout âge et de toutes conditions nous ont prodigué les témoignages bienveillants d'un assentiment honorable ; ainsi donc, nous pouvons le dire sincèrement et hautement, avant d'avoir été mis sous presse, nous avons été discuté, approuvé.

Mais ce que nous avons dit tout haut, d'autres l'ont proclamé aussi ; ils ont prouvé victorieusement que toute la pensée fondamentale de notre législation industrielle s'est appliquée jusqu'à présent à faire de certaines industries un véritable fléau pour notre pays.

Qui donc viendrait soutenir qu'on n'ait pas habitué MM. les producteurs français à demander aux taxes et aux prohibitions une prééminence qu'ils auraient dû chercher dans le perfectionnement de leurs produits et dans une économie qu'ils se sont imaginés réaliser en abaissant outre mesure le salaire des ouvriers?

Grâce à ce système déplorable, à cette législation monstrueuse, on est parvenu à placer notre industrie dans un état d'infériorité relative très sérieux, auprès d'un grand nombre d'industries étrangères, à nous fermer la majeure partie des marchés de l'Europe, sans que les privilégiés sans pudeur qui, depuis plus de trente ans, marchent à la lisière, se soient jamais occupés sérieusement de tenir tête à la concurrence dont les développements nous menacent chaque jour davantage.

Enfin, aujourd'hui, notre industrie arriérée ne tient plus son rang en Europe ; nos travailleurs épuisés, aux abois, demandent et réclament par voie de pétition l'organisation du travail par l'association. Ils savent tous que leurs pères détruisirent les hauts barons de la féodalité, et que le moment est venu pour eux de mettre à la raison les hauts barons de l'industrie, du monopole et du privilége, les exploitants sans talent, et les loups-cerviers sans vergogne !...

Pour sauver l'industrie, pour éloigner la guerre civile, l'Assemblée ne doit plus hésiter un instant... Les richesses de la France, ses ressources immenses, sont encore assez vivaces pour lui fournir largement de quoi créer et ranimer le crédit public. Qu'elle veuille bien se rappeler un instant les paroles de Lafitte, alors qu'en 1830 nous étions menacés d'une coalition générale :

« Vous craignez, disait-il, que, pour soutenir la guerre, » l'argent vienne à nous manquer? Songez que les forêts » de l'Etat valent seules plus de dix milliards et que vous » pouvez les aliéner. » Eh bien ! ces ressources existent encore, et leur valeur s'est considérablement accrue depuis cette époque ; de telle sorte que si l'on veut bien tenir compte de toutes les valeurs artistiques, mobilières et immobilières qui composent le domaine de l'Etat, on est en droit d'affirmer que la France peut aujourd'hui offrir un gage hypothécaire de plus de vingt milliards.

Grâce à ces puissantes ressources, qui ne sont pas les

seules que nous possédions, l'Assemblée Nationale peut immédiatement décréter la création d'un papier industriel et agricole consolidé, ayant cours ainsi que les billets de la banque de France et les espèces d'or et d'argent.

L'émission de ce papier monnaie, destiné à venir en aide à notre industrie, à notre agriculture et à notre colonie algérienne qui se meurt, sera autorisée jusqu'à concurrence de seize cents millions L'industrie de la fabrication des étoffes de soie dans le département du Rhône, la Guillotière, Vaise, Lyon, la Croix-Rousse, demande que, sur ce crédit, il lui soit alloué une somme de *cinquante millions*, dont elle paiera l'intérêt à 5 %, et à l'amortissement de laquelle elle consacrera le quart de ses bénéfices annuels.

L'industrie lyonnaise employant près de cent mille travailleurs, c'est donc un crédit d'environ *cinq cents francs* ouvert à chacun d'eux.

Organisation de la Maison Centrale.

Le siége de l'association sera à Lyon, soit aux Colinettes soit au Palais-des-Arts.

L'établissement reconnu préférable devra, sans exception aucune, être éclairé au gaz et chauffé à la vapeur d'eau bouillante.

Il devra contenir la caisse générale, toutes les valeurs d'or, d'argent et de porte-feuille.

La comptabilité générale et la correspondance, ainsi que les archives de l'association.

Toutes les soies écrues, organsin, trame grège, fantaisie, laines, cachemire et autres.

Toutes les soies et les laines teintes, dévidées ou non dévidées.

Toutes les étoffes de soie, unies ou façonnées, avec ou sans mélange.

Les cabinets des dessinateurs.

L'association, si elle le juge convenable, déterminera l'acquisition ou la construction d'un bâtiment spécialement affecté à contenir les peignes, les harnais et autres objets industriels nécessaires à son exploitation; d'un ou plusieurs ateliers de teinture, d'ourdissage, de mettage en main et de dévidage. Les ateliers de teinture devront être construits de façon à ce que les inspecteurs puissent jour et nuit y exercer une surveillance rigoureuse et continuelle.

Les bobines destinées au dévidage des soies devront être en verre, moulé et marqué au chiffre de la société.

Les ateliers de dévidage, d'ourdissage, de mettage en main seront sous la surveillance de citoyennes sous-maîtresses.

L'administration pourra, si elle le juge utile, créer un dépôt à la Croix-Rousse, un à St-Paul, un à la Guillotière et un à St-Just, où les travailleurs pourront aller déposer leurs pièces dont il leur sera donné un récépissé, et cela dans le seul but d'éviter un encombrement inévitable si quelques milliers de pièces se présentaient en même temps.

L'association devra, autant que possible, faire assurer toutes ses valeurs immobilières et mobilières, ses marchandises fabriquées, ses matières premières et ustensiles, soit au siége central, soit dans des dépôts, ateliers de teinture et d'apprêt, de dévidage, d'ourdissage, de mettage en main, etc., etc., etc.

De l'Association.

Une fois autorisée et commanditée, l'association fera établir un ou plusieurs registres sur lesquels viendront s'inscrire tous les travailleurs et capitalistes qui désireront participer à l'association.

Ils devront déclarer leurs nom et prénoms, leur âge, le lieu de leur naissance, leur profession, leur spécialité, s'ils sont mariés avec ou sans enfants, veufs avec ou sans enfants, célibataires.

S'ils sont chefs d'atelier ou compagnons, le nombre et la spécialité de leurs métiers.

Seront associés tous les individus des deux sexes majeurs ou autorisés, jouissant de leurs droits civils, qui se présenteront comme capitalistes ou travailleurs, savoir :

Apprêteurs, gauffreurs, chineurs, teinturiers, metteuses en main, ourdisseuses, dévideuses, essayeuses, remetteuses, piqueuses en peigne, lisseuses, liseurs, lanceurs, cannetiers, tisseurs, tisseuses, chefs d'atelier, compagnons, plieurs, contre-maîtres, capitalistes, courtiers en soie, caissiers, teneurs de livres, commis d'ordre et de balance, dessinateurs, chimistes adjoints aux teintures, voyageurs et placiers pour l'Italie, le Piémont et l'Espagne, les Amériques, l'Angleterre, les Colonies et la France.

A chacun des travailleurs inscrits sur le registre précité, il sera remis une carte d'inscription, au moyen de laquelle il pourra se présenter et se faire admettre comme électeur.

Aussitôt que l'inscription sur le registre aura atteint le chiffre de 6,000 associés, et que les cartes d'inscription leur auront été remises, ils devront se réunir dans leurs clubs respectifs, s'organiser en série, afin d'opérer immédiatement l'élection de leurs délégués.

De l'Election des Délégués et de leur mandat.

L'élection des délégués, choisis parmi la masse des travailleurs, aura pour but de désigner les hommes qui seront le mieux en état de composer les spécialités destinées à diriger, administrer ou surveiller les diverses parties composant l'administration. Ainsi, les délégués des travailleurs auront pour mission de présenter celui qui dirigera, soit l'atelier de teinture des blancs ou des noirs fins, etc., etc., soit celui qui dirigera une spécialité des étoffes unies ou façonnées, etc., etc., etc.

Une fois élus, les chefs de toutes les branches qui composent l'ensemble de l'organisation, devront se réunir pour nommer un directeur général, un sous-directeur gérant, un Conseil d'administration et un Conseil de surveillance.

Le Conseil d'administration sera composé du directeur général, du sous-directeur, d'un chef dirigeant les gros de naples.

    —   —   les satins,
    —   —   les taffetas,
    —   —   les velours unis,
    —   —   les diverses étoffes unies,
    —   —   les velours façonnés,
    —   —   les étoffes façonnées à la Jacquard,
    —   —   les grands façonnés,
    —   —   les étoffes façonnées avec mélange,
    —   —   les châles de laine,
    —   —   les châles avec mélange.

de plusieurs chefs dirigeant les teintures,

    —   —   les apprêts, gauffrage, moirage, etc.
    —   —   l'ourdissage,
    —   —   le dévidage.

du caissier principal,

du teneur de livres principal,

du chef de la correspondance,

des chefs des cabinets de dessins,

de l'inspecteur général,

du directeur du journal de l'association,

du directeur de la caisse d'épargne et de secours,

du directeur de la partie litigieuse, etc., etc., etc.,

de l'inspecteur de la République,

de quelques-uns des capitalistes associés, etc., etc., enfin, de tous ceux des membres que leurs fonctions et leurs lumières rendront utiles à la prospérité de l'entreprise.

De ce mode, il résulte que l'élection sera à trois degrés, c'est-à-dire que les travailleurs éliront leurs délégués, que ces mêmes délégués présenteront les citoyens travailleurs chargés d'organiser, de diriger les diverses spécialités, et que les chefs de ces mêmes spécialités choisiront un directeur, un sous-directeur, un Conseil d'administration, un Conseil de surveillance, chargé de faire exécuter les mesures prises par le Conseil d'administration.

Le directeur et son adjoint ne pourront jamais, et dans aucun cas, nommer à aucun emploi salarié. Cependant, toutes les fois qu'il s'agira de prendre ou de remplacer quelques individus salariés et non associés, attendu leurs fonctions de domesticité, le directeur et en son absence, le sous-directeur pourront choisir sur une liste de candidats présentée par le Conseil d'admistration ceux qui leur paraîtront convenir le mieux.

Des Associés capitalistes.

Les associés capitalistes recevront 5 pour % d'intérêt du capital versé par eux.

Les dépôts ou prêts seront effectués pour une durée d'une année au moins.

Le capitaliste associé qui voudra retirer ses fonds, devra en prévenir le directeur au moins quatre mois à l'avance.

Le directeur devra immédiatement en aviser le Conseil administratif, qui donnera au dépositaire un reçu motivé de sa déclaration de retrait.

Jamais, dans aucun cas, la position de capitaliste ne pourra donner droit à une fonction salariée, à une faveur, à un passe-droit.

Si le capitaliste associé justifie de capacités d'aptitudes pour telle ou telle spécialité, sa nomination sera soumise à l'élection par les délégués des travailleurs.

Si plusieurs candidats, à mérite égal, se présentent pour un seul emploi, la position de celui d'entre eux qui serait capitaliste ne devra jamais être un titre, exercer une influence.

Il en sera de même à l'égard de tous ceux des associés travailleurs qui auraient laissé accumuler tout on partie de leurs bénéfices ou de leurs appointements, ou qui auraient versé des valeurs en matières, marchandises, ustensiles industriels, immeubles à destination, etc., etc., etc.

Du Journal hebdomadaire.

Aussitôt sa mise en fonction, l'Administration de l'association sera tenue de créer un journal hebdomadaire imprimé avec des caractères neufs sur un bon papier et d'un format convenable, pour contenir un bulletin de la politique intérieure et extérieure, un résumé des faits les plus intéressants, un sommaire des progrès industriels relatifs à notre industrie séricole et manufacturière;

Un compte-rendu des encouragements et des récompenses accordées aux découvertes industrielles, ainsi qu'aux actes de courage, de dévouement et de probité en usage chez les travailleurs;

Un exposé mensuel de la situation et des opérations de la Société, enfin un aperçu des besoins à satisfaire.

Le Conseil de surveillance devra tenir la main à la distribution gratis et à domicile d'un exemplaire du journal pour chaque travailleur. Toutefois, un atelier de moins de cinq métiers n'aura droit qu'à un seul exemplaire.

La distribution devra avoir lieu le samedi de chaque semaine.

Faits particuliers.

Lorsque des citoyens, marchands, fabricants, industriels, se présenteront avec l'intention de vendre à la Société, soit des immeubles à destination d'atelier, soit des ustensiles industriels, soit des matières premières ou des marchandises fabriquées, et qu'ils annonceront la volonté de placer dans l'association le produit qu'ils en retireront, soit en partie, soit en totalité, le Conseil d'administration devra ordonner au moins deux expertises contradictoires, et indiquer, dans le plus prochain numéro du journal hebdomadaire :

Le nom et les qualités du vendeur, la nature et la désignation des objets, ainsi que les conditions de la vente.

Du classement des Travailleurs.

Les travailleurs pourront être classés :

1° A tant par année ;

2° A tant par mois ;

3° A tant par jour (les heures déterminées) ;

4° A leurs pièces (prix débattu entre l'Administration et les délégués des travailleurs ;

5° A forfait pour les travaux supplémentaires, soit de jour, soit de nuit, fêtes ou dimanches.

Des Contestations et des Difficultés.

Les difficultés et les contestations entre les membres de la société seront portées devant des arbitres conciliateurs. Si les parties se refusent à la conciliation, elles comparaîtront devant leurs juges naturels, les prud'hommes.

Des Règlements intérieurs.

Les règlements d'ordre et de police intérieure seront présentés par le directeur au Conseil d'administration qui les discutera, les modifiera et les approuvera.

Le Conseil de surveillance veillera à l'exécution des règlements. Il les fera imprimer, placarder et distribuer aux travailleurs, et ordonnera que leur insertion ait lieu dans le journal hebdomadaire.

Le Conseil de surveillance chargé spécialement de contrôler l'inspection, fera constater les infractions sur un registre *ad hoc*.

Le Conseil d'administration devra immédiatement être prévenu de toutes les infractions sérieuses et graves, et prendre des mesures répressives dans l'intérêt général.

De la durée de l'Association.

L'Etat devant être le principal commanditaire de la société, il est inutile presque autant qu'impossible d'agiter cette question ; ce que nous pouvons affirmer, c'est que les travailleurs sans exception jouiront d'une indépendance absolue, et qu'ils auront la faculté de quitter l'association et de transmettre et de vendre à des tiers la part des bénéfices qui leur reviendra.

De l'Inventaire.

Un inventaire général sera fait chaque année et, autant que possible, il devra être achevé au 31 décembre.

L'état général de la répartition des bénéfices sera imprimé et distribué gratis aux travailleurs, qui pourront contrôler ce qu'aura produit le travail de chacun d'eux.

Les réclamants auront un mois pour se pourvoir ; ce délai expiré, l'Administration devra considérer comme satisfaits les non-réclamants.

La moitié des bénéfices acquis à chaque associé (*sur sa demande*), lui sera comptée en espèces, le troisième quart sera versé entre les mains de l'Etat pour le rembourser annuellement et partiellement des avances qu'il aura faites à l'association.

Le quatrième quart demeurera entre les mains de l'Administration, qui devra le verser dans une caisse d'épargne et de secours destinée à tous ceux des travailleurs associés, que la maladie ou le chômage rendraient nécessiteux, et dans le cas ou des crises industrielles, des perturbations politiques ou financières, rendraient insuffisants, les fonds de l'épargne. L'association pourra appliquer telle portion du capital social à venir en aide à ceux de ses membres dénués de ressources. Il demeure bien entendu que ceux des associés qui deviendraient débiteurs envers l'association, devront la rembourser au moyen de retenues mensuelles.

Nous terminerons ici notre tâche, bien convaincu que nous avons fait œuvre de bon citoyen en démontrant, de la façon la plus claire, que le motif le plus sérieux de notre décadence industrielle tient à deux causes principales, le taux énorme de l'argent, des frais généraux et la mauvaise concurrence ayant pour auxiliaire l'infâme piquage d'once....

Déjà les esprits les moins disposés à nous encourager, ont bien voulu reconnaître que notre mode d'organisation réaliserait une économie immense, mais que nous allions détruire les fabricants, sans détruire la concurrence; que nous ferions baisser le taux des loyers dans le quartier des Capucins, et que nous porterions un préjudice considérable aux caissiers, teneurs de livres, dessinateurs, fabricants, apprêteurs, etc, etc, que nous ne pourrions employer.

Ces arguments qui n'ont aucune valeur solide, nous touchent très médiocrement et nous allons les réfuter.

Aucune concurrence ne peut nous être nuisible que celle des fabricants honnêtes s'associant entre eux et faisant participer les travailleurs aux bénéfices qu'ils réaliseront. Une telle concurrence peut, nous le savons, élever le prix des matières premières et nous disputer nos débouchés sur les marchés de l'Europe et du Nouveau-Monde, mais elle ne doit nous porter aucun véritable préjudice, car elle ne peut espérer réussir, c'est-à-dire prendre un certain développement qu'en entrant comme nous dans une voie d'association et de répartition qui assure à ses travailleurs des avantages au moins égaux. Eh bien! cette situation ne nous met point en émoi, ne nous arrache aucune plainte, parce qu'alors elle devient de la concurrence par l'association, c'est-à-dire du travail organisé au bénéfice des travailleurs.

La mauvaise concurrence dans la ville ou les campagnes, nous la défions! car elle ne se relèvera pas du coup que nous allons lui porter en détruisant les ressources qu'elle trouvait dans l'achat prohibé des matières d'origine suspecte.

Et qu'on le sache bien, le travail organisé dans les campagnes sera toujours un travail mal dirigé, mal surveillé et mal fait. Les Américains le comprennent si bien, qu'ils déclarent notre fabrique la première du monde parce qu'elle est agglomérée plus qu'aucune autre fabrication ; qu'elle produit avec une activité sans rivale des quanti-

tés considérables sans que la surveillance et la bonne direc-
tion soient mises en défaut... Pour nous qui pensons que
les bienfaits de l'association réagiront puissamment sur notre
industrie, nous proclamons à l'avance les avantages qu'elle
doit en recueillir.

Maintenant, nous ne disconvenons point que les loyers ne
baisseront dans le quartier des Capucins, et qu'un certain
nombre de fabricants et d'employés se trouveront dans une
position d'attente, position précaire, difficile ; mais ces faits
se sont produits et se produisent tous les jours, sans qu'il en
résulte aucune perturbation : ainsi les cinq cents omnibus qui
circulent dans Paris n'ont pu détruire les voitures de place.

L'application du gaz n'a pas ruiné les marchands d'huile,
et les chemins de fer qui vont sillonner la France en tous
sens, ne diminueront pas le nombre des aubergistes.

Enfin, ce que nous espérons que l'association détruira,
c'est cette abominable bande d'usuriers, chacals qui suivent
à la piste le malheureux travailleur, et l'égorgent sans pitié
pour sa misère, sans pitié pour sa malheureuse femme et
ses pauvres enfants !...

Aujourd'hui, plus que jamais, l'organisation du travail par
l'association de tous les travailleurs de chaque industrie est
notre unique planche de salut à tous. Qu'on ne les oublie
pas surtout les paroles du citoyen Représentant Goudchaux,
car ces paroles que je vais rappeler ont trouvé de l'écho dans
les masses : « J'ai sondé le terrain sur lequel nous marchons,
» et je l'ai trouvé bien mince.... Le travailleur honnête a
» droit au travail et au crédit.... Si la République veut
» s'asseoir sur des bases solides, durables, elle doit immé-
» diatement entrer dans la voie d'association et organiser le
» travail !... Car il faut que l'ouvrier vive et puisse réaliser
» des bénéfices. »

Aux hommes qui traitent d'utopies les idées les plus saines
et les plus fécondes en bons résultats, nous dirons : Christophe

Colomb rêvant la découverte d'un nouveau monde, que son génie avait su deviner, était un utopiste !

Galilée, dénoncé à l'inquisition et jeté dans les fers à l'âge de 70 ans, pour avoir annoncé que la terre tournait autour du soleil, dut se rétracter à genoux, le 22 juin 1633 : c'était un utopiste ! « e pur si muove ; » et cependant la terre se meut.

Fulton, qui sut appliquer la vapeur à la marine et à l'industrie, était un utopiste !

Le sucre de betterave était une utopie !

Enfin, Jacquard lui-même, Jacquard qui sut découvrir, à la vue d'une machine oubliée de Vaucansson (le cylindre à serinette), le principe unique qui règle toutes les combinaisons du tissage, vit sa sublime inspiration mal accueillie des fabricants *et des revendeurs d'ustensiles.* Ces derniers ameutèrent contre lui les ouvriers ; à plusieurs reprises ses jours furent menacés, et, en 1804, le métier-modèle fut vendu sur la place des Terreaux, le fer pour du vieux fer, le bois pour du vieux bois. Alors aussi Joseph-Marie Jacquard était un utopiste, auquel on devait plus tard élever des statues !!!